De vie en vie

Tolkien

Brigitte Labbé • Michel Puech

Illustrations de Jean-Pierre Joblin

MILAN
jeunesse

En faisant défiler rapidement les pages
de ce livre, le dessin situé juste au bas
de la page de droite s'animera.
Chaque livre de la collection
De vie en vie a son *flip-book*.

Bye bye Papa !

Dressé sur la pointe des pieds, du haut de ses 3 ans, Ronald peut encore apercevoir la tête de son papa, protégée du soleil par un grand chapeau. La tête rétrécit, rétrécit, jusqu'à devenir un tout petit point, perdu au milieu de dizaines d'autres petits points. Ronald plisse les yeux, il agite ses bras dans tous les sens, certain que son papa le voit encore. Mais le paquebot, dès la sortie du port, file vers le grand large.

Ronald serre maintenant très fort la main de Mabel, sa maman. Elle est triste de laisser

Arthur, son mari, mais elle ne regrette pas sa décision de rentrer en Angleterre. Depuis sa naissance, en plein été sud-africain, en janvier 1892, Ronald n'a jamais été en forme, il est en permanence souffreteux et faible. Son petit frère non plus ne va pas très bien. Mabel est certaine que le climat d'Afrique du Sud ne leur réussit pas. Son mari et elle sont venus s'installer dans une petite ville perdue au milieu du désert, avant la naissance de leurs deux enfants. Arthur avait été nommé à la direction d'une banque anglaise, un très bon travail. Quand les enfants auront repris des forces, Mabel reviendra, sauf si son mari décide de rentrer lui aussi en Angleterre.

Les sirènes du paquebot se sont tues. La côte d'Afrique du Sud semble s'enfoncer lentement dans les eaux. Adieu les lions et les serpents, adieu le désert et la brousse. Adieu les

araignées, sa maman lui a promis qu'il n'y en a pas en Angleterre. En tout cas, pas d'aussi grosses que l'énorme tarentule qui l'a piqué il n'y a pas longtemps. Il en fait encore des cauchemars.

Adieu Papa, aussi. Ronald ne le reverra jamais. Une infection grave va foudroyer Arthur Tolkien, avant qu'il ne puisse rejoindre sa famille.

Un petit trou de campagne

Enfin de bonnes joues rouges ! Enfin des enfants qui rentrent affamés après une journée en plein air ! Et qui dévorent des tartines dégoulinantes de marmelade, trempées dans le bon lait frais de la ferme. Mabel se dit qu'elle a bien fait de s'installer dans ce petit village de

Sarehole, tout près de la grande ville de Birmingham. Évidemment, ce n'est pas facile d'élever seule deux enfants. Mais la vie au village est douce et paisible, sa petite maison est simple mais confortable, et les visites du père Francis, un prêtre catholique, soulagent beaucoup Mabel, cette présence est rassurante. Mabel trouve aussi un grand réconfort dans la religion catholique. Et puis voir ses enfants grandir en bonne santé vaut tout l'or du monde.

Ronald, lui, adore ce petit trou de campagne. Il aime suivre la rivière, il aime le moulin à eau et son rythme régulier. Et les écluses, et les mares sur lesquelles ricochent ses cailloux. Tout est beau, les arbres, les champs, les chemins creux bordés de mûres sauvages qui laissent la bouche et la langue violettes. Tout est calme, le clapotis de l'eau, le chant des oiseaux, le bruissement des feuilles. À la belle saison, les hommes fument tranquillement la pipe devant leurs coquettes maisons, Ronald aime s'arrêter pour discuter avec eux. Tout sent bon, l'herbe fraîchement coupée, la rosée du matin, la terre après la pluie. Pas de routes goudronnées, pas de chemin de fer, pas de fumées d'usine. Seuls quelques cris troublent parfois ce petit coin de paradis. Ce sont les paysans qui pourchassent Ronald quand il s'enfuit après leur avoir volé des champignons ! Ces paysans, il les appelle « les ogres noirs ». Les gentils, il les appelle « les ogres blancs ».

La musique des mots

« Encore, Maman, encore ! S'il te plaît ! La dernière des dernières ! Promis, après, je dors ! »

Malgré les supplications de son fils, Mabel ferme le livre de contes. Elle voit bien que

Ronald lutte de toutes ses forces contre le sommeil. C'est tous les soirs la même chose. Il ne veut pas quitter Alice et le pays des merveilles, ni la fabuleuse île au trésor, ni Merlin l'Enchanteur, ni le roi Arthur, ni les chevaliers de la Table ronde, ni les lutins, ni les nains, et encore moins les dragons. Il se sent bien dans ces mondes féeriques, il veut y rester, encore et encore. Mais, comme tous les soirs, sa maman répond qu'il est l'heure de faire dodo, s'il veut être en forme demain matin pour l'école.

L'école, c'est à la maison. L'institutrice, c'est Maman. Depuis leur retour d'Afrique, Mabel fait elle-même la classe. Au programme : apprendre à lire et à écrire. Programme vite terminé : à 4 ans, Ronald sait lire et écrire. Alors Mabel ne s'attarde pas, elle passe tout de suite aux cours de latin et de grec. Et là, surprise. Ronald se régale autant avec ces langues anciennes qu'avec les contes du soir ! Il adore le son des mots, ils font défiler dans sa tête des images et des histoires.

Explorateur de mots

À 9 ans, Ronald connaît bien le latin et le grec. Sa mère est sûrement un bon professeur, mais, pas de doute, Ronald est un surdoué des langues. Il ne se contente pas d'apprendre à bien parler et à bien écrire une langue. Il veut

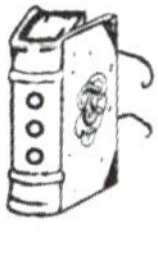

aussi comprendre comment la langue fonctionne, quels sont les différents types de mots, comment les mots s'organisent pour former des phrases, pourquoi certains pluriels sont différents des autres…

Ronald s'engouffre dans une langue en explorateur, il décortique tous les mots, il examine tous les détails.

Il est tellement passionné qu'il veut construire sa langue, à lui. Il se met à inventer des mots, tout un vocabulaire, puis, petit à petit, des

règles de conjugaison, des règles de grammaire… Il peut passer des heures à fabriquer sa langue, qu'il est le seul au monde à parler !

Du paradis vert à l'enfer noir

Mais sa maman-institutrice n'aime pas tellement que son fils-élève passe tant de temps à ces jeux, elle n'aime pas qu'il s'évade en solitaire dans ces langues imaginaires. Mieux vaut se concentrer sur les langues existantes, les maths et la littérature. Parce que, si Ronald veut aller dans le meilleur collège de Birmingham, il faut qu'il réussisse l'examen pour obtenir une bourse. Parce qu'elle n'est pas assez riche pour payer le collège.

À 11 ans, Ronald réussit l'examen, il est admis au collège King Edward VI, au centre de Birmingham.

Bienvenue à Birmingham, ses cinq cent mille habitants, ses mines, ses usines, ses maisons noires serrées les unes contre les autres, ses rues agitées, les bousculades, la pollution, la fumée, la poussière de charbon. Adieu Sarehole, fini les grandes balades dans les champs et les flâneries au bord des ruisseaux, fini les festins de mûres, fini les volets qui s'ouvrent le matin sur la campagne verte, à perte de vue. Ronald est sous le choc.

Senghenydd, Penrhiwceiber...

Ronald frotte la buée que sa respiration dépose sur la vitre. Le nez collé à la fenêtre, il ne veut rien rater du spectacle. Dans la rue, juste en bas de l'immeuble, des camions sont en train de livrer du charbon. Ce ne sont pas les camions qui intéressent Ronald, ni le charbon, encore moins le va-et-vient des hommes courbés sous le poids des sacs. Non, il est hypnotisé par les mots mystérieux peints sur les camions : *Senghenydd, Blaen-Rhondda, Penrhiwceiber.* Ces mots sont bizarres, ils ont vraiment beaucoup de consonnes. Et, si on essaie de les prononcer, ils rendent un son étrange, presque sauvage. On a l'impression qu'ils viennent d'époques très anciennes, peut-être même des époques qui remontent au début, au tout début…

Ronald n'a pas la moindre idée de ce que veulent dire ces inscriptions. Ces mots sont en gallois, la langue du pays de Galles, une région qui se trouve à l'ouest de l'Angleterre. Il ira bientôt visiter cette région, et les mots qu'il verra là-bas lui feront le même effet. Les noms des villes et les inscriptions sur les devantures des magasins le fascineront, bien plus que les paysages et les monuments ! Ces mots gallois font penser à des forteresses mystérieuses, il a envie d'y pénétrer et de découvrir tout ce qui s'y passe.

La fin d'un monde

Après le premier choc de l'arrivée en ville, un deuxième, pire encore, terrasse Ronald. Le 14 novembre 1904, sa maman meurt d'une maladie, le diabète. Le 3 janvier 1905, Ronald fête ses 13 ans, sans son père, sans sa mère, coupé de son petit coin de paradis de Sarehole. Le voilà seul avec son frère, dans une petite chambre mal chauffée de l'orphelinat de Birmingham. Comment vivre quand on sait que rien ne sera plus comme avant ? Les années de Sarehole paraissent lointaines, tellement lointaines qu'il n'est plus sûr qu'elles ont vraiment existé. Est-ce qu'il n'est pas sorti d'un rêve pour tomber dans un cauchemar ?

Avant de mourir, Mabel a demandé au père Francis de s'occuper de ses deux fils, et d'en faire de bons catholiques. Le père Francis prend sa mission très au sérieux. Il suit les études des garçons et les emmène parfois en week-end, pour les sortir de la ville.

Latin, grec, français, allemand, anglo-saxon, gallois, gothique...

Ronald aime bien le terrain de rugby du collège, mais la bibliothèque est tout de même son endroit préféré. Il y passe des journées entières, passionné par des histoires de Moyen Âge écrites dans une langue qui ressemble au gallois. C'est de l'anglo-saxon, l'ancêtre de l'anglais que l'on parle aujourd'hui. Sous ses

yeux défilent des mots qu'il a du mal à déchiffrer, et qu'il est incapable de prononcer. Mais il s'est mis en tête d'apprendre le vieil anglais, tout seul.

Le professeur Brewerton, un spécialiste du Moyen Âge, a vite repéré Ronald. Il faut dire qu'il ne voit pas tous les jours des élèves de 13 ans passer des heures à décoder des textes écrits en langue ancienne. Brewerton, touché par la motivation de cet adolescent, lui donne des cours particuliers. Après le latin, le grec, le français, et l'allemand, Ronald apprend maintenant l'anglo-saxon, mais aussi le gallois, sans oublier le gothique, la langue d'où vient le vieil anglais. Les histoires racontées dans ces langues sont fascinantes. Les héros combattent des

monstres pour sauver leur peuple, il y a des dragons, des aventures de chevaliers, des maléfices, des magiciens, des anneaux de pouvoir… Des mondes compliqués, extraordinaires. Ces histoires ressemblent aux contes qu'on lui a racontés quand il était petit. Mais ce qu'il lit maintenant, on y croit vraiment. Ces mondes-là, on se dit qu'ils ont vraiment existé, on y est, on en fait partie.

Un peu de douceur…

Elle a 18 ans, deux ans de plus que lui. Mais ce n'est pas grave. Au contraire, elle aide Ronald à surmonter sa grande timidité. Elle est jolie avec ses cheveux noirs tout courts. Il adore discuter avec elle. Elle est petite, beaucoup plus petite que lui. Il faut dire qu'il est devenu un jeune homme grand et sacrément

costaud. Elle est orpheline, comme lui. Il aime lui tenir la main, il a adoré leur premier baiser, cette tendresse, cette douceur, il en veut encore et encore !

Pas question. Ça suffit. Le père Francis est furieux. Interdiction absolue de voir Edith. Rouge de colère, il menace Ronald de ne plus lui payer ses études s'il a le moindre contact avec Edith. Même par écrit.

Ronald obéit.

L'université d'Oxford

En ce 17 décembre 1910, sous sa longue robe de coton noire, le cœur de Ronald bat à cent à l'heure. À 18 ans, le voilà admis dans une des plus prestigieuses universités au monde : Oxford. Quand il voit son nom sur la plaque où figurent le nom des étudiants, quand il voit le nom Tolkien à côté du nom des fils des grandes familles d'Angleterre, il a des bouffées de fierté. Ronald n'est ni riche, ni aristocrate, ni fils ou petit-fils d'une célébrité. Il est arrivé à Oxford par la qualité de son travail, uniquement. Cela fait longtemps qu'il n'a pas été aussi heureux. Et quel magnifique endroit ! Il va passer quatre ans ici ! Il a l'impression d'arriver dans un monde idéal : on circule à bicyclette, les pelouses sont immenses, les chemins sont bordés d'arbres, de petits lacs, les majestueux bâtiments où se déroulent les cours datent du Moyen Âge. Un monde idéal. Un monde étrange aussi : il y a peu de femmes à Oxford, on en croise rarement. On est entre hommes, dans des clubs d'hommes, à discuter entre

hommes… De toute façon, Ronald n'a qu'Edith en tête. L'interdit du père Francis s'arrête le jour de ses 21 ans, et, ce jour-là, il ira chercher Edith et la demandera en mariage.

Eärendil

Il y a quand même un problème à Oxford : Ronald s'ennuie pendant la plupart des cours. Connaissant Ronald et sa soif d'apprendre, il faut vraiment être mauvais professeur pour réussir à l'endormir ou à le dégoûter des auteurs grecs et latins ! Certains professeurs sont tellement ennuyeux que Ronald préfère travailler seul. Heureusement, il reste encore des langues anciennes inconnues… Et, heureusement, il existe des professeurs passionnants. Le professeur Craigie, un professeur de philologie, qui étudie les récits écrits aux temps

anciens, fait partie de ceux-là. Il enseigne à Ronald l'islandais ancien et le finnois, les langues des légendes nordiques, des histoires de Vikings, et du Kalevala, des poèmes chantant les origines du monde. Ronald est captivé par les personnages aux pouvoirs magiques, les lutins, les farfadets qui dansent la nuit dans les clairières, il est émerveillé par Eärendil, le plus radieux des anges, qui traverse le ciel et l'océan… Eärendil, Eärendil… un nom que Ronald trouve magnifique. Il imagine qu'Eärendil ressemble à un Elfe, grand, beau, immortel. C'était il y a très longtemps.

La langue des Elfes, le monde des Elfes

Eärendil, Eru, Ilúvatar, Ainur, Ainulindalë, Yavanna, Valinor, Eä, Aulë, Manwë, Ulmo, Melkor… Ronald crée des noms, chaque nom lui inspire une histoire, un paysage, et encore d'autres noms. *Valaquenta, Valar, Maiar, Telperion, Laurelin, Fëanor, Noldor, Alqualondë, Silmarils*… il aime la musique de ces mots. Cette musique que Ronald compose, c'est une langue : la langue des Elfes.

À force de travailler sur les langues et les textes anciens, Ronald est convaincu que toutes les langues qui ont réussi à arriver jusqu'à nous sont des langues qui racontent les origines du monde. C'est grâce aux contes et aux légendes que les langues traversent les siècles, c'est grâce aux fables et aux mythes

qu'elles survivent dans la mémoire des hommes. Pour que la langue elfique soit une vraie langue, un immense travail attend Ronald : créer les histoires qui racontent l'origine du monde, la venue des Elfes, des Humains, et de toutes les créatures qui peuplent le monde.

Ainsi qu'il est dit...

Ilúvatar, aidé par les Ainur, entonne un chant qui va créer le monde. Les Ainur, appelés aussi les Valar, préparent ensuite ce monde vide pour la venue des Elfes. Les Elfes, les Premiers Nés, les plus belles des créatures terrestres, destinées à créer de la beauté. Mais Melkor, un des Ainur, ne chante pas en

harmonie avec tous les autres. Melkor veut du pouvoir, il veut soumettre ou détruire toutes les créatures.

Ensuite, Fëanor, le plus doué des Elfes, invente l'alphabet elfique et fabrique les trois Silmarils, trois magnifiques bijoux qui enferment la lumière des deux Arbres de Valinor, le royaume des dieux. Melkor, qu'on appelle maintenant Morgoth, aidé d'Ungoliant, l'araignée géante, attaque Valinor. Les deux Arbres de Lumière sont détruits, Morgoth vole les Silmarils et les fait incruster dans sa couronne de fer, dans sa forteresse d'Angband. Les Elfes prennent les armes. Commence alors la première de toutes les guerres…

Tolkien écrit des bouts d'histoire dans tous les sens, il lit des passages à ses amis d'Oxford, ils ont du mal à suivre le fil de l'histoire, surtout quand Tolkien leur lit de longs passages en langue elfique ! Mais Tolkien continue d'écrire, imperturbable. Il va bientôt regrouper toutes ces histoires sous un titre, *le Silmarillion.*

Plongée dans l'horreur

Retour sur terre. C'est la guerre. Ronald, comme tous les jeunes Anglais, est envoyé en France, dans les tranchées, dans la boue, sous les tirs ennemis, les balles qui sifflent, les éclats de métal qui déchirent les corps, les gaz mortels qui les menacent à tout moment. Descente aux enfers, au cœur de la plus meurtrière bataille de la Première Guerre mondiale,

la bataille de la Somme. Six cent mille morts. Une forte fièvre sauve Ronald de ce carnage : on l'évacue dans un hôpital militaire et il est rapatrié en Angleterre en novembre 1916. Parmi tous ses amis d'Oxford, deux seulement survivront à cette guerre.

Edith, qu'il a retrouvée après trois ans d'obéissance stricte au père Francis, est là pour le soutenir. Ils se sont mariés avant le départ de Ronald pour la France.

À l'hôpital, Ronald écrit.

Le Silmarillion

Le chant de Yavanna et les pleurs de Nienna finissent par faire éclore une fleur d'argent sur l'un des deux Arbres de Lumière et pousser un fruit d'or sur l'autre. Les Valar cueillent cette fleur et ce fruit et les envoient haut, très haut.

Le monde est à nouveau éclairé : dans le firmament brillent maintenant le Soleil et la Lune.

Ilúvatar fait alors apparaître les Humains sur la Terre du Milieu. Les Humains sont des êtres plus fragiles que les Elfes : ils connaissent

la maladie, la vieillesse, et la mort. Mais ils ont une forme de liberté que les Elfes n'ont pas. Les Humains sont libres de décider de leur vie, personne ne sait à l'avance ce qu'un Humain va faire. Les Elfes, eux, sont faits pour créer de la beauté, des bijoux, des chants, des poèmes, pour construire de magnifiques bateaux et de splendides cités... Sur les Humains, Ilúvatar n'a rien révélé, même pas ce qui leur arrive après la mort. Les Elfes ont du mal à comprendre pourquoi Ilúvatar agit ainsi, ils sont inquiets qu'on ne puisse pas prévoir le comportement des Humains, ils se demandent quel rôle ils jouent dans le monde.

Ils peuvent aussi bien se ranger du côté du Mal et s'allier à Morgoth que rester du côté du Bien.

Le monde de Tolkien ne cesse de se compliquer. D'autres créatures sont créées, les Nains, les Orcs… Et chaque nouveau nom entraîne Tolkien dans de nouvelles histoires. Beren, un Humain, rencontre Lúthien, une Elfe. Ils s'aiment. Ensemble, ils réussissent à récupérer un des trois Silmarils dans la forteresse de Morgoth…

Des alliances s'organisent, des traîtrises aussi, le cœur de certains Humains se laisse manipuler par les forces du Mal. Suite à une trahison, Gondolin, la cité secrète des Elfes, est découverte, attaquée et détruite. Eärendil, fils d'un Humain et d'une Elfe, échappe au massacre et attaque Morgoth.

Après de nombreuses batailles, Morgoth est enfin jeté dans le grand vide et sort du monde.

Mais le Mal n'est jamais vaincu. Sauron, le chef

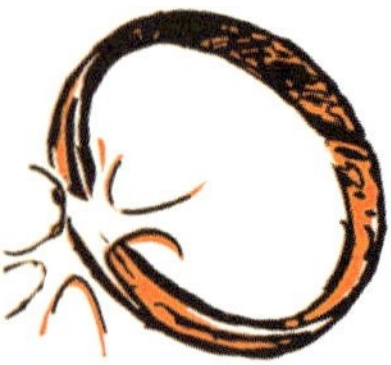

des armées de Morgoth, est toujours là. Il forge l'Anneau Unique, celui qui commande tous les anneaux magiques, et il précipite le monde dans une guerre totale. Sauron se fait prendre l'Anneau Unique, il faut absolument le détruire avant qu'il puisse le récupérer, mais l'Anneau Unique n'est pas détruit, à cause des Humains, qui ne savent pas résister aux tentations du pouvoir. Il est finalement perdu et tombe dans l'oubli.

Professeur Tolkien

Après la guerre, Craigie, son ancien professeur de philologie, embauche Tolkien pour faire partie de l'équipe qui écrit *The Oxford English Dictionary*. Un dictionnaire très savant, qui donne les racines saxonnes des mots anglais.

Depuis 1920, Tolkien enseigne l'ancien anglais à l'université de Leeds. De plus en plus d'étudiants se sont mis à s'intéresser aux langues anciennes, aux origines des langues, à la période du Moyen Âge. Des matières qui généralement n'attirent pas grand monde. Mais Tolkien sait communiquer ses passions. Pourtant, il faut vraiment s'accrocher pour comprendre ce qu'il dit ! « Tolk », comme l'appellent les étudiants, parle entre ses dents, il ne fait aucun effort pour articuler, il ne termine pas ses phrases et saute sans arrêt d'une idée à l'autre... Pas question d'adapter sa manière de parler aux autres, c'est à eux de faire des efforts ! N'empêche qu'il est toujours présent pour aider les étudiants, toujours disponible pour les guider dans leur travail et il est reconnu comme un des meilleurs de sa spécialité. Alors, en 1925, quand le professeur

Craigie quitte Oxford, c'est tout naturellement qu'on appelle Tolkien pour le remplacer. Revenir à 33 ans à Oxford en tant que professeur est un grand honneur. Tolkien en est très fier. D'ailleurs, il a depuis longtemps adopté le petit accent d'Oxford qui fait très chic.

Le monde change

Déception. En quelques années, Oxford a changé. On entend des bruits de moteurs et d'industrie, des bâtiments modernes sont sortis de terre, les commerces fleurissent. Une autre époque démarre, et Tolkien la déteste. C'est partout pareil. Sarehole, son cher village, son petit coin de paradis, n'existe plus, il a été englouti par la ville de Birmingham. Le goudron, le fer, l'électricité, s'infiltrent comme des poisons dans le monde que Tolkien aimait. C'était mieux avant.

Tolkien est bouleversé : à Oxford, le grec n'est plus obligatoire, les formulaires d'inscription sont en anglais et plus en latin, on croise dans les rues de plus en plus de gens qui ne font pas partie de l'université... Mais, tout de même, Tolkien est soulagé de voir qu'Oxford essaie de résister à la modernité et garde quelques traditions : le latin est toujours obligatoire, l'uniforme et le chapeau carré aussi, les sorties en ville sont toujours interdites aux étudiants...

Comment faire pour continuer à vivre quand on sait qu'on ne peut pas revenir en arrière, quand on sait qu'on ne peut pas retrouver le passé ? Tolkien se recroqueville dans un cocon protégé du monde extérieur. Il se sent bien au coin du feu, avec d'autres professeurs. Dans

leur club, ils passent leurs soirées à traduire des textes en langues anciennes, à discuter, à rire, la pipe à la bouche et un verre de whisky à la main.

« Dans un trou vivait un Hobbit... »

Été 1928. Il fait chaud. Tolkien essaie de se concentrer sur les copies des étudiants. Corriger les copies d'examen ne le passionne pas, mais ce travail lui permet de gagner un peu plus d'argent. Edith et lui ont quatre enfants maintenant, et son salaire de professeur est un peu juste pour cette grande famille.

Tiens ! Une copie avec une grande page blanche. L'étudiant a dû manquer d'inspiration. Cette page vide inspire Tolkien, et il écrit : *« Dans un trou vivait un Hobbit. »*

Voilà, c'est tout. Retour aux corrections.

D'où vient cette phrase ? Tolkien n'en sait rien. Mais ce mot, « *Hobbit* », qu'il vient juste d'inventer, lui plaît énormément. Ce n'est pas la première fois qu'un son le fait rêver. Mais, là, c'est comme s'il avait attrapé le petit bout de fil qui dépasse d'une pelote de laine, le petit bout qui donne envie de tirer dessus et de tout dérouler. Il a envie de dérouler l'histoire que le son lui inspire, il a envie de partir à la recherche de tout ce que le mot « Hobbit » cache. À quoi ressemble un Hobbit ? Qu'est-ce qu'il aime faire ? Comment est le trou dans lequel il vit ? Que mange le Hobbit ? D'où vient-il ? Où va-t-il ? Aujourd'hui, Tolkien n'en sait rien, mais il veut le découvrir, et entraîner les enfants dans cette découverte.

Le courage des petits

Au club où il retrouve ses amis professeurs, Tolkien raconte les histoires de son Hobbit, qu'il baptise Bilbo.

Il décrit le trou où il habite, la douce campagne qui l'environne, la bonne odeur des gâteaux à l'anis. Puis l'arrivée du magicien Gandalf et des treize Nains, le départ en expédition à la recherche d'un trésor caché dans

la grande montagne, gardé par un dragon. Ses collègues adorent cette histoire pour enfants et ils en redemandent. Tolkien continue. Bilbo se heurte à des Trolls, mangeurs de chair humaine, il se fait attraper par les féroces gobelins, qui vivent sous la montagne, il tombe sur l'étrange Gollum et tremble à l'idée de ne pas répondre à ses énigmes et de disparaître dans son horrible mâchoire... Mais le petit Hobbit est surprenant. Personne n'aurait pensé qu'un être aussi simple et modeste accomplisse de tels exploits. D'ailleurs Bilbo se surprend lui-même, il se découvre courageux et fort, il surmonte tous les dangers, et il finit par rentrer chez lui, couvert de richesses et rempli de sagesse. Et propriétaire d'un anneau magique...

Ses amis du club préfèrent de loin le Hobbit aux histoires du *Silmarillion* !

Depuis quatorze ans, Tolkien est fidèle aux Elfes, il passe son temps dans ce monde où la magie et les puissances surnaturelles règnent encore. Il se sent bien loin du monde moderne, un monde dans lequel tout doit avoir une explication logique, où plus rien n'est merveilleux, où plus personne ne croit aux pouvoirs de la magie. Il se fiche complètement des critiques et des bâillements de ses amis. Il continue le grand projet de sa vie : révéler un monde oublié, un monde merveilleux, un monde habité par des êtres capables de donner leur vie pour lutter contre le Mal, un monde dans lequel on peut se dépasser pour retrouver le Bien.

Devant l'insistance de ses amis, qui pensent que son histoire de Hobbit peut faire un bon livre pour enfants, Tolkien se décide à envoyer le texte à un éditeur londonien.

Merci Rayner !

En rentrant chez lui après sa journée de travail, sir Stanley Unwin, éditeur à Londres, jette son chapeau au portemanteau, pose son parapluie, et tend à son fils de 10 ans une grosse pile de feuilles. C'est une histoire écrite par un professeur d'Oxford. Sir Stanley ne sait pas quoi penser de ce Bilbo, sorte de petit homme aux grands pieds poilus, ni de ces étranges aventures. Il a besoin de l'avis de son fils.

Rayner lit le texte, il aime. Son père décide donc de le publier. En 1937, neuf ans après la première phrase écrite sur une copie d'étudiant, *le Hobbit* sort dans les librairies anglaises. Au rayon jeunesse. Les ventes sont moyennes, mais les articles sur le livre sont bons. L'éditeur serait d'accord pour publier une suite des aventures du Hobbit.

Tolkien aurait de très loin préféré qu'un éditeur accepte *le Silmarillion*. Jusque-là, personne n'en a voulu.

Bilbo et les Elfes

Chaque soir Tolkien, travaille sur *le Silmarillion*. Peu de temps après la sortie de son livre, il compose le grand poème elfique :

« Trois anneaux pour les Rois Elfes
sous le ciel,
Sept pour les Seigneurs Nains dans leurs
demeures de pierre,
Neuf pour les Hommes Mortels destinés
au trépas,
Un pour le Seigneur Ténébreux sur
son sombre trône
Dans le pays de Mordor où s'étendent
les Ombres.

Un anneau pour les gouverner tous.
Un anneau pour le trouver,
Un anneau pour les amener tous
et dans les ténèbres les lier
Au pays de Mordor où
s'étendent les Ombres. »

Un anneau principal qui les commande tous… Un anneau, un seul. Mais Bilbo n'est-il pas rentré chez lui avec un anneau ?

Personne ne veut du *Silmarillion* ? Tout le monde veut une suite du *Hobbit* ? Voilà l'idée, voilà ce qu'il faut faire : emmener Bilbo le Hobbit dans la grande légende des Elfes et du *Silmarillion*.

Voilà l'immense défi de Tolkien : à partir de son histoire pour enfants, il va écrire sa grande mythologie, du monde elfique jusqu'à nos jours.

Tolkien n'a pas de plan en tête. Quand il écrit un épisode, il ne sait pas ce qui se passera au prochain, il découvre tout au fur et à mesure. Il griffonne des bouts d'histoire parci, par-là, les chapitres sont mélangés, il a parfois du mal à s'y retrouver. Le magicien Gandalf disparaît, Tolkien ne sait pas s'il va réapparaître. Peut-être que oui, peut-être que non, on verra au fil de l'histoire. Dans une auberge, quelqu'un aide les Hobbits, Tolkien découvre plus tard, comme les lecteurs, que c'est l'héritier du trône du Royaume de Gondor. Ce n'était pas prévu.

Tolkien revient en arrière, avance, recommence. Certaines pages sont remplies de signes magnifiques : la langue elfique. Sans les passages en langue elfique, l'histoire ne peut pas faire vraie. Il faut que les lecteurs y croient, qu'ils se sentent dans un monde vrai. Les cartes géographiques que Tolkien dessine sont très précises, on voit où se trouvent la Terre du Milieu, les monts, les forêts, les rivières, et tous les lieux des drames.

Gil-galad, Elendil, Isildur fils d'Elendil, Sméagol, Gollum, Frodon, Minas Morgul, Minas Tirith, Gondor, Haradrim, Meneldil fils d'Anárion, Gorgoroth, Osgiliath, Imladris, Aragorn fils d'Arathorn, Galdor des Havres… Les noms et les sons qu'il invente nourrissent toujours autant l'imagination de Tolkien. Il écrit les rêves dans lesquels les sonorités le transportent. Un nom, un son, et tout un monde voit le jour.

Les forces du Mal se déchaînent

En cette fin d'année 1939, Tolkien écrit la dernière phrase de son livre I du *Seigneur des Anneaux*. Au même moment, les forces du Mal se regroupent, elles s'amassent, grandissent, elles grondent et finissent par se déchaîner : la Seconde Guerre mondiale éclate. L'Europe vit dans la peur, le Mal avance dans le feu et les fracas de métal. Le Mal s'étend, Hitler jette une ombre noire sur le monde.

On croit parfois que le Mal a disparu. On a tort. Il est toujours là, prêt à surgir pour reprendre le pouvoir. Les Humains, les Elfes, les Nains, doivent être toujours prêts à le combattre.

Tolkien a 48 ans, ce n'est plus un âge pour partir à la guerre. Dans cette ambiance de fin du monde, il travaille, il écrit. S'il n'aime pas

ce qu'il écrit, ou s'il découvre une contradiction entre ce qu'il écrit aujourd'hui et ce qu'il a écrit avant, il ne corrige pas, il recommence. Il tape à la machine avec deux doigts, cela prend un temps fou, mais il n'a pas assez d'argent pour s'offrir les services d'une secrétaire. Douze années. Il faudra douze années pour finir *le Seigneur des Anneaux*.

Tolkien a 60 ans quand il envoie *le Seigneur des Anneaux* à l'éditeur qui a publié *le Hobbit.* Un éditeur à qui il avait annoncé, quelques années auparavant, qu'il écrirait une suite du *Hobbit,* pas trop longue…

Au diable les éditeurs !

« Ce livre est invendable ! Il est beaucoup trop long ! Qui peut lire ce pavé ? Il faudrait couper au moins la moitié du texte. » Tous les éditeurs qui lisent *le Seigneur des Anneaux* ont la même réaction : ce livre ne peut pas être publié. Non

seulement ils le trouvent trop long, mais surtout beaucoup trop compliqué. Il y a tellement de personnages qu'on s'y perd. Si au moins il y avait un héros principal, on suivrait mieux les événements. Le verdict est clair, ce livre est invendable, les éditeurs sont sûrs d'eux.

Tolkien est furieux contre tous ces gens qui ne comprennent rien à son œuvre. Quelle nullité ! Ce sont des incapables, des gens qui ont peur de tout ce qui est nouveau, ils prennent les lecteurs pour des abrutis. Pas question de changer un seul mot, pas question de les écouter une minute de plus. Tolkien récupère son texte, il préfère ne jamais publier son livre que de se soumettre aux demandes des marchands de livres. Qu'ils aillent tous au diable !

Encore merci, Rayner !

« Mais pourquoi avez-vous refusé ce texte ? Ce livre est génial, génial, vous m'entendez ! Il faut convaincre Tolkien de revenir chez nous, il faut le publier. »

Rayner Unwin, lui non plus, ne décolère pas. Il n'était pas à Londres quand le texte de Tolkien est arrivé à la maison d'édition Allen & Unwin, où il travaille maintenant.

Il a compris la grandeur de l'œuvre de Tolkien. Pourtant il ne croit pas qu'il en vendra beaucoup, il n'espère pas gagner de l'argent avec ce livre difficile à lire. Mais Rayner est un vrai éditeur. Il aime la littérature, il est sensible à la beauté d'un texte, pas seulement aux chiffres de vente et à l'argent. Il veut que le livre de Tolkien existe, pour la beauté du livre.

Habilement, l'éditeur explique à Tolkien que *le Seigneur des Anneaux* sera trop lourd, difficile à imprimer, à expédier, peut-être même à tenir en main. Tolkien accepte que son livre soit découpé en trois tomes. L'éditeur peut alors publier un tome par an, cela lui évite de prendre tous les risques en une seule année.

En 1954, trois mille cinq cents exemplaires du premier tome du *Seigneur des Anneaux*, *la Communauté de l'Anneau*, sont imprimés.

Le Seigneur des Anneaux

En six semaines, tout est vendu, le désastre prévu ne s'est pas produit. Il faut vite réimprimer le tome I, *la Communauté de l'Anneau*. L'éditeur est agréablement surpris. Mais, quand, les semaines suivantes, les facteurs déposent des quantités incroyables de lettres dans les bureaux de la maison d'édition Allen & Unwin, tout le monde se demande ce qui se passe. Ce sont des lettres de lecteurs qui réclament la suite de *la Communauté de l'anneau* ! Ceux qui lisent le tome I sont terriblement frustrés de ne pas savoir ce qui arrive à Frodon et ses amis.

Les lecteurs sont surtout des étudiants, l'histoire circule beaucoup dans les universités anglaises et américaines, ils se passent tous le livre, tout le monde en parle. L'éditeur décide ne pas attendre pour imprimer le tome II, puis le tome III, qui est publié l'année suivante.

En 1955, *le Seigneur des Anneaux* est au complet. Tolkien, qui a signé son livre avec tous ses prénoms, John Ronald Reuel Tolkien, a 63 ans.

S'évader de ce monde sombre

En quelques années, les ventes en librairie explosent. Dans les bibliothèques, les listes d'attente n'en finissent pas de s'allonger, tout le monde réserve *le Seigneur des Anneaux*. On entend même des épisodes du *Seigneur des Anneaux* à la radio. Tolkien est noyé sous le courrier des lecteurs, harcelé par les coups de téléphone, dérangé par des visiteurs, suivi par des paparazzi…

Le Seigneur des Anneaux fait le bonheur de milliers et de milliers de lecteurs, heureux de s'évader de leur monde, un monde sombre. Deux guerres mondiales en trente ans, les États-Unis en guerre contre le Vietnam, la planète envahie par les industries et rongée par la pollution, minée par la violence, le président des États-Unis s'est fait assassiner,

le monde semble être dirigé par des hommes sans foi ni loi, corrompus par l'argent et la soif de pouvoir, un monde où le seul but est de posséder, un monde dans lequel le Mal est à l'œuvre.

Dans le monde de Tolkien, on sait où est le Bien, on sait où est le Mal. Son monde est peuplé de gens courageux et honnêtes, qui s'unissent pour vaincre le Mal. Des hommes d'honneur, des chevaliers valeureux, des hommes simples et bons, aidés de pouvoirs merveilleux, veulent construire un monde de paix, défendre la nature, les arbres, la terre, l'air, pour vivre une vie simple et tranquille.

Laissez-moi tranquille !

La vie de Tolkien, elle, n'est plus simple ni tranquille. Il s'est déjà vendu un million de livres, Tolkien n'en peut plus de cette folie autour de lui. Il n'a qu'une envie : qu'on lui fiche la paix et qu'on le laisse finir *le Silmarillion*. Il l'a commencé en 1914, nous sommes en 1965, il a 73 ans, il n'y a plus de temps à perdre.

La gloire glisse sur lui

Joy Hill n'en revient pas. C'est dans ce bazar que monsieur Tolkien travaille ? C'est là qu'écrit cet homme connu dans le monde entier ? Personne n'aurait pu imaginer qu'un écrivain riche et célèbre vive comme cela. La gloire n'a rien changé. Ronald et Edith habitent dans la même maison d'Oxford. Il travaille dans le même bureau, il s'habille toujours le plus simplement possible, il voyage le moins possible, il fume le même tabac de pipe, il parle

toujours les dents serrées avec ce petit accent chic, il circule à pied, et il a la même obsession : terminer *le Silmarillion*.

Joy Hill a été embauchée par l'éditeur comme secrétaire particulière de Tolkien, justement pour aider Tolkien à finir son livre. Mais elle se demande par où commencer pour organiser ce désordre, la poussière s'est infiltrée partout. Des piles de feuilles dans tous les coins. Des dizaines et des dizaines de livres posés sur les tables. Il y a même des textes écrits au dos de copies d'étudiants. De quoi s'arracher les cheveux.

Beren et Lúthien

Tolkien n'y arrive pas. Il n'arrive plus à écrire, ça ne vient plus comme avant. C'était mieux avant… C'est toujours mieux avant dans le monde de Tolkien.

Il décide de fuir Oxford. Avec Edith, ils s'installent au bord de la mer, dans un endroit à l'écart de tout. Ils trouvent une maison ordinaire, dans un quartier ordinaire. Tolkien est tranquille, sa vie redevient ordinaire. Finalement, Tolkien est un Hobbit en tout, sauf en taille... C'est lui qui le dit !

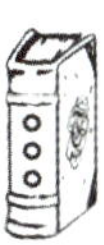

À midi, bras dessus, bras dessous, le couple Tolkien marche doucement jusqu'à l'hôtel-restaurant du coin, pas très loin de leur maison. Voilà le grand luxe de leur vie : se faire servir un déjeuner, prendre le temps de savourer les plats, tranquillement, en tête à tête. Dans quelques mois, le printemps va revenir, les prés vont verdir à nouveau et se couvrir de fleurs, et, à nouveau, ils pourront déguster de délicieuses fraises à la crème. Comme avant. Certains jours, Ronald murmure tendrement à l'oreille d'Edith qu'il est l'Humain le plus chanceux de la Terre du Milieu, qu'il

a le bonheur d'aimer et d'être aimé par la plus sublime des Elfes. Alors Edith se sent immortelle, et Ronald le croit, comme il croit à la merveilleuse histoire d'amour de Beren, l'Humain, et de Lúthien, l'Elfe.

En une seule vie d'homme...

Edith n'est pas une Elfe, le 29 novembre 1971, elle meurt, elle ne s'embarque pas sur un navire en direction des mystérieuses îles de l'Ouest.

C'est la première fois qu'elle se sépare de Ronald, en cinquante-huit ans. Ronald revient à Oxford, un des rares endroits de ce monde où il s'est senti bien. Le 2 septembre 1973, il rejoint Edith, il a 81 ans.

Il faut normalement des siècles pour créer un monde de dieux et de héros, il faut des siècles pour que des légendes s'assemblent et construisent la grande histoire de l'origine du monde. Il a fallu des dizaines et des dizaines de poètes, de conteurs, de chanteurs… pour tisser les mythes qui ont traversé le temps. Tolkien a réussi cela seul, en soixante ans. En une vie d'homme, d'homme simple, discret, passionné, obstiné, il a réussi à faire exister tout un monde dans le cœur et l'esprit de dizaines de millions de personnes, sur tous les continents. ■

Sommaire

John Ronald Reuel Tolkien est anglais ; il est né en Afrique du Sud, en 1892, mais il rentre en Angleterre à 3 ans. Son père meurt, puis sa mère. Il devra travailler très dur pour obtenir les bourses qui lui permettent d'effectuer de brillantes études. Il est passionné par les langues anciennes, surtout celles qui sont à l'origine de l'anglais, et par les légendes nordiques. Il devient un des meilleurs spécialistes de la littérature du Moyen Âge. En même temps, pour faire exister les langues imaginaires qu'il crée depuis son enfance, il invente tout un monde, peuplé de dieux, d'elfes, puis d'humains, un monde des origines où la magie existait encore. Le succès de son conte pour enfants, *Bilbo le Hobbit*, en 1937, le conduit à écrire une gigantesque saga, *le Seigneur des Anneaux*, publié en 1954-1955. Tolkien a inventé un genre, l'*heroic fantasy*, et il a créé un mythe, tout en restant un tranquille professeur d'Oxford, à l'écart du monde moderne et de tout tapage. Il meurt en 1973, à 81 ans.

Les auteurs

Brigitte Labbé est écrivain et **Michel Puech** est maître de conférences en philosophie à la Sorbonne. Ils sont coauteurs de tous les ouvrages de la collection « Les Goûters Philo », parus aux Éditions Milan.

L'illustrateur

Jean-Pierre Joblin a réalisé la couverture, les dessins de l'intérieur et a conçu le *flip-book*.

Dans la même collection

1. **M. Luther King**
2. **Einstein**
3. **Bouddha**
4. **Marco Polo**
5. **Mozart**
6. **Néfertiti**
7. **Coluche**
8. **Van Gogh**
9. **Molière**
10. **Darwin**
11. **Ulysse**
12. **Tolkien**
13. **Marie Curie**
14. **Charlie Chaplin**

À paraître

Léonard de Vinci
Les Beatles
Freud
Coco Chanel

300, rue Léon-Joulin, 31101 Toulouse Cedex 9 – France

Loi 49.956 du 16.07.1949
Dépôt légal : 3e trimestre 2004
ISBN : 2.7459.1516.9
Imprimé par Aubin Imprimeur,
86240 Ligugé - France
Imp. N° P 67049